詩壇的賽車手與指揮家

余光中紀念特刊

YU KWANG-CHUNG 1928-2017

余光中
1928〜2017

　　祖籍福建永春，1928年10月21日生於南京，1950年5月來臺，2017年12月14日逝世於高雄。

　　臺灣大學外國語文學系畢業。1954年與覃子豪、鍾鼎文、夏菁、鄧禹平等人共創「藍星詩社」。1958年獲亞洲協會獎金赴愛奧華大學進修，取得愛奧華大學藝術碩士學位。先後任教於臺灣師範大學、政治大學、香港中文大學、中山大學，並任系所主管及院長等職。此外，亦曾在臺灣大學、東吳大學、淡江大學、東海大學兼課，誨人不倦。

　　他曾任中華民國筆會會長、中華語文教育促進協會理事長，致力文學外譯，追求純正中文。多年來，因其文學成就及文藝公共事務之參與，曾獲多種獎勵，如中國文藝協會新詩獎、國際青年商會十大傑出青年、金鼎獎歌詞獎、吳三連文學獎散文獎、中國時報新詩推薦獎、金鼎獎主編獎、國家文藝獎新詩獎、美西華人學會文學成就獎、香港翻譯學會榮譽會士、聯合報讀書人年度最

佳書獎、中國詩歌藝術學會詩歌藝術貢獻獎、文工會五四獎文學交流獎、中華民國斐陶斐榮譽協會傑出成就獎、行政院新聞局國際傳播獎章、中國時報吳魯芹散文獎、高雄市文藝獎、霍英東成就獎、香港中文大學榮譽文學博士、中國當代詩魂金獎、南方都市報華語文學傳媒大獎散文家獎、臺灣大學傑出校友獎、政治大學名譽文學博士、全球華文文學星雲獎貢獻獎、元智大學桂冠文學家等。

余光中創作文類以詩、散文為主。其詩風多變，略可分為：1.早期的抒情婉約，如《舟子的悲歌》；2.現代化醞釀時期，開始將古典與現代融合，如《鐘乳石》；3.現代化時期，受西方文學的影響，多以抽象的描述、象徵為筆法，如《萬聖節》；4.新古典主義時期，將古典與現代融合得更為巧妙，回歸抒情，如《蓮的聯想》、《在冷戰的年代》；5.民謠風時期，注重口語節奏並結合民謠風格，如《白玉苦瓜》；6.香港時期，以詩探索歷史文化，直面近代國族滄桑，有回溯有傳承，如《與永恆拔河》、《隔水觀音》、《紫荊賦》；7.1985年離港返臺，定居高雄以來，高樓對海，五行無阻，如轉丸珠，神與物遊，從《夢與地理》到《太陽點名》，得江山之助，古韻今聲，自在自如。

在散文創作上，余光中勇於嘗試，融裁創新，情采雙美，開創出嶄新的風貌。早期散文多為論理，卓厲風發，如《逍遙遊》等；其後有大品散文，如《青青邊愁》等；復因行旅四方，所見所聞出之以遊記文體，筆依物轉，情隨景遷，且能上下古今，使人耳目一新，從《記憶像鐵軌一樣長》到《粉絲與知音》，都有這樣的佳構。

除詩、散文外，余光中尚有論述和翻譯作品，其評論涉及諸多領域，無論詩歌、散文、翻譯、作家、繪畫、音樂等，皆有出色而犀利的批評，如《掌上雨》、《分水嶺上》、《從徐霞客到梵谷》、《藍墨水的上游》、《舉杯向天笑》等；翻譯方面，他以外文專長為基礎，搭配深厚的國學素養，譯筆忠實精練，獨具特色，如《梵谷傳》、《英美現代詩選》和王爾德的劇本等，並有諸多譯論、譯評，如《含英吐華——梁實秋翻譯獎評語集》等。

余光中才學兼備，文采斐然，著作豐富，為當代華人世界大家；九十高齡辭世，世人猶驚愕不捨，正可覘其文學魅力與份量矣。

（單德興、李瑞騰審訂）

目次

CONTENTS

余光中文學繫年

文訊編輯部・李瑞騰

1938年，10歲的余光中與母親孫秀君（右）合影。
（文訊文藝資料中心）

1947年，就讀金陵大學的余光中。
（余光中家屬提供）

中國時期

1928　10月21日（農曆9月9日），生於南京，籍
　　　貫福建永春。父親余超英、母親孫秀君。

1937　抗日戰爭初起，隨母親逃難，流亡於蘇皖
　　　邊境。

1938　隨母親逃往上海，半年後乘船經香港、安
　　　南、昆明、貴陽抵達重慶，與父親團聚。

1940　就讀四川江北縣悅來場南京青年會中學。

1945　抗戰結束，隨父母返回南京。

1947　南京青年會中學畢業。
　　　考取北京大學、金陵大學，因適逢國共內
　　　戰，選擇就讀金陵大學外文系。

1949　年初因國共內戰轉劇，隨母親自南京逃往
　　　上海、廈門，轉讀廈門大學外文系二年
　　　級。
　　　開始於廈門《星光》、《江聲》等報刊發
　　　表詩作與評論。
　　　7月，隨父母遷居香港。

臺北時期

1950　5月，隨家人來臺，先住臺北市同安街，
　　　後定居於廈門街113巷。
　　　開始於《新生報》、《中央日報》、《野
　　　風》等報刊發表詩作。
　　　9月，考取臺灣大學外文系，就讀三年級。

1952　3月，詩集《舟子的悲歌》由臺北野風出版社出版。

　　　臺灣大學外文系畢業。

　　　考入聯勤陸海空軍編譯人員訓練班。

1953　入國防部聯絡官室服役，任少尉編譯官。

1954　10月，與鍾鼎文、覃子豪、夏菁、鄧禹平等人共同創立藍星詩社。

　　　詩集《藍色的羽毛》由臺北藍星詩社出版。

1956　9月2日，與范我存結婚。

　　　於東吳大學兼課。

　　　主編《藍星週刊》、《文學雜誌》現代詩欄。

1957　3月，翻譯伊爾文・史東（Irving Stone）《梵谷傳》（二冊），由臺北重光文藝出版社出版。

　　　11月，於臺灣師範大學兼課。

　　　12月，翻譯海明威（Ernest Hemingway）《老人和大海》，由臺北重光文藝出版社出版。

1958　6月，長女珊珊出生。

　　　7月，慶祝《藍星週刊》發行200期，「藍星詩獎」於中山堂舉行頒獎典禮，擔任致詞人。

　　　10月，獲亞洲協會獎金，赴美國愛奧華大學進修文學創作、美國文學、現代藝術課程。

1959　6月，次女幼珊出生。

　　　10月，獲愛奧華大學藝術碩士學位。

　　　返臺，擔任臺灣師範大學英語系講師。

　　　主編《現代文學》、《文星》之詩輯。

　　　加入現代詩論戰。

1960　5月，編譯《英詩譯註》，由臺北文星書店出版。

　　　8月，詩集《萬聖節》由臺北藍星詩社出版。

　　　10月，詩集《鐘乳石》由香港中外畫報社出版。

1951年2月28日，與雙親攝於臺北同安街故居。左起：余光中、孫秀君、余超英。（余光中數位文學館提供）

1956年，與范我存（左）婚紗照。（余光中數位文學館提供）

1957年7月14日，與藍星詩社同仁攝於廈門街自宅。左起：余光中、
夏菁、吳望堯、黃用。（文訊文藝資料中心）

1958年3月4日，攝於左營軍中廣播電臺。左起：瘂弦、彭邦楨、余
光中、洛夫。（余光中數位文學館提供）

1959年8月10日，身穿碩士服攝於美國愛奧
華大學。（余光中數位文學館提供）

1960年代初期，與五月畫會畫家同攝。（文訊文藝資料中心）

12月，英譯*New Chinese Poetry*，由臺北 The Heritage Press出版。

1961　5月，三女佩珊出生。

7月，與張愛玲、林以亮、邢光祖合譯《美國詩選》，由香港今日世界社出版。

於東吳大學、東海大學、淡江大學兼課。

1962　獲中國文藝協會新詩獎。

1963　9月，散文集《左手的繆思》由臺北文星書店出版。

1964　3月30日，於耕莘文教院主辦「莎士比亞誕生四百週年現代詩朗誦會」。

6月，《掌上雨》、詩集《蓮的聯想》由臺北文星書店出版。

應美國國務院之邀，赴美擔任傅爾布萊特計畫（The Fulbright Program）客座教授，進行巡迴授課。

1965　1月，於賓夕法尼亞州蓋提斯堡學院授課。

3月，四女季珊出生。

7月，散文集《逍遙遊》由臺北文星書店出版。

應聘擔任西密西根州立大學英文系副教授一年。

1960年代，陪女兒讀書。左起：余光中、余幼珊、余佩珊。（余光中家屬提供）

1961年，英譯*New Chinese Poetry*出版，美國駐華大使莊萊德邀請文人同賀。左起：鄭愁予、夏菁、羅家倫、鍾鼎文、覃子豪、莊萊德、胡適、莊萊德夫人、紀弦、羅門、余光中、范我存、葉珊、蓉子、周夢蝶、夏菁夫人、洛夫。（文訊文藝資料中心）

1962年3月30日，藍星詩社同仁宴請菲律賓文藝訪問團。前排左起：覃子豪、蓉子、范我存；後排左起：周夢蝶、羅門、余光中、向明。（文訊文藝資料中心）

1964年3月30日，於耕莘文教院主辦「莎士比亞誕生四百週年現代詩朗誦會」，邀請梁實秋先生演講。前排左起：英千里、梁實秋；後排左起：余光中、楊景邁。（余光中家屬提供）

1966	返臺，擔任臺灣師範大學英語系副教授。獲選為國際青年商會第四屆十大傑出青年。

1966　返臺，擔任臺灣師範大學英語系副教授。
　　　獲選為國際青年商會第四屆十大傑出青年。

1967　4月，詩集《五陵少年》由臺北文星書店出版。

1968　6月，編譯《英美現代詩選》（二冊），由臺北臺灣學生書局出版。
　　　7月，散文集《望鄉的牧神》由臺北純文學出版社出版。

1969　5月，詩集《天國的夜市》由臺北三民書局出版。
　　　7月，散文集《逍遙遊》由臺北大林出版社出版。
　　　9月，應美國教育部聘任為科羅拉多州教育廳外國課程顧問、寺鐘學院客座教授二年。
　　　11月，詩集《在冷戰的年代》、《敲打樂》由臺北純文學出版社出版。

1970　3月，《掌上雨》、編譯《英美現代詩選》（二冊），由臺北大林出版社出版。
　　　11月，詩集《五陵少年》由臺北愛眉文藝出版社出版。

1971　2月，《詩人與驢》由臺中藍燈出版社出版。
　　　3月，詩集Acres of Barbed Wire由臺北美亞書版公司出版。
　　　返臺，擔任臺灣師範大學英語系教授。
　　　主持中國電視公司「世界之窗」節目。
　　　詩集*Lotos-Assoziationen: Moderne chinesische Liebesgedichte*（Andreas Donath譯）由圖賓根Horst Erdmann Verlag出版。

1972　4月，散文集《焚鶴人》由臺北純文學出版社出版。
　　　7月，獲澳洲政府文化獎金，赴澳洲參訪兩個月。
　　　8月，轉任政治大學西語系主任。
　　　翻譯梅爾維爾（Herman Melville）《錄事巴托比》，由香港今日世界出版社出版。

1968年，全家攝於廈門街自宅。前排：余季珊；中排左起：余佩珊、余珊珊、余幼珊；後排左起：余超英、余光中、范我存、范母孫靜華。（余光中數位文學館提供）

1971年，於中國電視公司主持「世界之窗」節目。（文訊文藝資料中心）

1974年2月，第一屆中國現代詩獎，眾文友合影。左起：辛鬱、羅門、紀弦、瘂弦、陳祖文、余光中。（文訊文藝資料中心）

1974年4月，與文友合影於林海音宅。前排左起：夏祖美、黃春明、林懷民、隱地；後排左起：何凡、余光中、范我存、殷張蘭熙、簡靜惠、張系國。（文訊文藝資料中心）

1973　9月，24日，應邀出席於韓國國立藝術學院召開的「第二屆亞洲文藝研討會」，發表論文〈中國詩的傳統與現代〉。
主編政治大學《大一英文讀本》。

1974　5月，散文集《聽聽那冷雨》由臺北純文學出版社出版。
7月，詩集《白玉苦瓜》由臺北大地出版社出版。

香港時期

1974 8月，應聘擔任香港中文大學中國語言及文學系教授，至1985年返臺。
主編《中外文學》詩專號。

1975 5月，返臺參加於臺北中山堂舉行的「現代民謠演唱會」，詩作八首由楊弦譜曲。
11月，散文集《余光中散文選》由香港文化‧生活出版社出版。

1976 8月，詩集《天狼星》由臺北洪範書店出版。

1977 12月，散文集《青青邊愁》由臺北純文學出版社出版。

1974年，與妻女一同出遊，是余光中在香港最為懷念的回憶。（余光中家屬提供）

1975年，與梁實秋（中）、韓菁清（左）合影。（文訊文藝資料中心）

1976年7月，與友人攝於香港。左起：王文興、王文興夫人陳竺筠、余光中。（余光中數位文學館提供）

1976年，與民歌手楊弦（左）攝於臺北廈門街自宅。（余光中數位文學館提供）

1978年，攝於香港。前排左起：胡金銓、盧燕、陳之藩；後排左起：胡菊人、劉國松、余光中、楊世彭。（余光中數位文學館提供）

1980年4月，與文友合影於香港自宅。左起：蔡文甫、余光中、宋淇、丘彥明、梁錫華、思果、陳之藩、孫如陵夫婦。（文訊文藝資料中心）

1981年，與文友合影於法國里昂火車站。左起：徐東濱、吳魯芹、余光中。（文訊文藝資料中心）

1978　5月，翻譯伊爾文・史東《梵谷傳》，由臺北大地出版社出版。

1979　4月，詩集《與永恆拔河》由臺北洪範書店出版。

5月，黃維樑編《火浴的鳳凰——余光中作品評論集》，由臺北純文學出版社出版。

1980　4月，《掌上雨》、散文集《左手的繆思》由臺北時報文化出版公司出版。

編譯《英美現代詩選》，由臺北時報文化出版公司增訂新版。

9月，返臺一年，擔任臺灣師範大學英語系主任兼英語研究所所長。

10月，詩集《蓮的聯想》由臺北時報文化出版公司出版。

1981　4月，《分水嶺上——余光中評論文集》由臺北純文學出版社出版。

8月，詩集《五陵少年》由臺北大地出版社出版。

詩集《余光中詩選1949～1981》由臺北洪範書店出版。

1984年10月20日，與巴金（左）攝於香港中文大學。（余光中數位文學館提供）

主編《文學的沙田》，由臺北洪範書店出版。

1982　詩作〈傳說〉獲金鼎獎歌詞獎。

1983　1月，詩集《隔水觀音》由臺北洪範書店出版。

8月，翻譯王爾德（Oscar Wilde）《不可兒戲》，由臺北大地出版社出版。

1984　3月，散文集《逍遙遊》由臺北時報文化出版公司出版。

10月，擔任九歌出版社接辦《藍星詩刊》發行人，至1992年7月停辦。

11月15日，獲第七屆吳三連文藝獎散文獎。

12月，翻譯《土耳其現代詩選》，由臺北林白出版社出版。

詩作〈小木屐〉獲金鼎獎歌詞獎。

譯作《不可兒戲》由楊世彭擔任導演、香港話劇團演出。

高雄時期

1985　9月，自香港返臺，應中山大學聘任為文學院院長兼外文研究所所長，定居高雄。

1985年10月25日，藍星詩社同仁於臺北市小統一牛排館聚會。前排左起：周夢蝶、蓉子、羅門、余光中；後排左起：陳素芳、蔡文甫、范我存、張健、向明、黃用。（文訊文藝資料中心）

1985年，余光中在中山大學文學院院長任內與學生同臺表演。（余光中家屬提供）

1987年，應邀參加林海音70大壽聚會。左起：余光中、何凡、林海音、范我存。（文訊文藝資料中心）

10月26日，獲第八屆時報文學獎新詩類推薦獎。

12月，詩文合集《春來半島》由香港香江出版社出版。

1986　2月，詩集《敲打樂》由臺北九歌出版社出版。

3月，擔任由高雄市政府、中山大學及臺灣新聞報共同舉辦的「第一屆木棉花文藝季」總策畫，並發表主題詩〈讓春天從高雄出發〉。

7月，詩集《紫荊賦》由臺北洪範書店出版。

1987　1月，《記憶像鐵軌一樣長》由臺北洪範書店出版。

1988　1月，主編《秋之頌——梁實秋先生紀念文集》，由臺北九歌出版社出版。

11月，詩集《余光中一百首》（流沙河編）由成都四川文藝出版社出版。

12月，散文集《憑一張地圖》由臺北九歌出版社出版。

1989　1月，詩集《余光中一百首》（流沙河選釋）由香港香江出版公司出版。

5月，主持「五四，祝你生日快樂」之多場演唱會及講座。

總編《中華現代文學大系——臺灣1970～1989》（15冊），由臺北九歌出版社出版。

散文集《鬼雨‧余光中散文》（辛磊編）由廣州花城出版社出版。

8月，主編《我的心在天安門——六‧四事件悼念詩選》，由臺北正中書局出版。

12月，《中華現代文學大系——臺灣1970～1989》獲金鼎獎圖書類主編獎。

1990　1月，散文集《隔水呼渡》由臺北九歌出版社出版。

6月，詩集《夢與地理》由臺北洪範書店出版。

8月17～27日，譯作《不可兒戲》由新象藝術公司於臺北國家戲劇院演出。

9月，獲選為中華民國筆會會長，至1998年止。

詩集《夢與地理》獲第15屆國家文藝獎新詩獎。

1990年，與文友合影於高雄。左起：余光中、夏志清、范我存。（文訊文藝資料中心）

1990年，獲頒國家文藝獎之新詩獎。左起：余光中、殷張蘭熙、齊邦媛、彭歌、范我存、姚宜瑛。（余光中家屬提供）

1992年，與文友合影於英國。左起：余光中、湯婷婷、張戎、北島。（文訊文藝資料中心）

1991　5月，譯作《不可兒戲》於高雄演出三
　　　場。
　　　6月，應美西華人協會之邀，赴洛杉磯演
　　　講，並獲頒文學成就獎。
　　　10月，應邀參加香港翻譯學會舉辦的「翻
　　　譯研討會」，獲頒榮譽會士。

1992　9月2日，應中國社會科學研究院之邀，赴
　　　北京演講「龔自珍與雪萊」。
　　　10月13日，應英國文藝協會之邀參加「中
　　　國作家之旅」，巡迴訪問英國六個城市，
　　　同行者有北島、張戎、湯婷婷。
　　　中英對照詩集《守夜人》由臺北九歌出版
　　　社出版。
　　　翻譯王爾德《溫夫人的扇子》，由臺北大
　　　地出版社出版。

1993　10月，詩文合集《中國結》（陳燕谷、劉
　　　慧英編）由武漢長江文藝出版社出版。

1994　2月，《從徐霞客到梵谷》由臺北九歌出
　　　版社出版。
　　　10月，黃維樑編《璀璨的五采筆》，由臺
　　　北九歌出版社出版。
　　　11月，《從徐霞客到梵谷》獲聯合報「讀
　　　書人」年度最佳書獎。
　　　與瘂弦、陳秀英合編《雅舍尺牘——梁實

1994年6月，與上海作家協會會員攝於愛神花園劉吉生故居。左起：黃維樑、余光中、柯靈、辛笛、羅洛、梁錫華。（余光中數位文學館提供）

1995年，回母校廈門大學參加校慶並演講，攝於外文研究所前。（余光中家屬提供）

秋書札真迹》，由臺北九歌出版社出版。

1995 4月5日，應邀出席廈門大學校慶，獲頒客座教授名銜。

11月，翻譯王爾德《理想丈夫》，由臺北大地出版社出版。

應聘擔任蘇州大學客座教授。

1996 1月，散文集《橋跨黃金城》（林杉編）由北京人民日報出版社出版。

4月，詩集《安石榴》由臺北洪範書店出版。

9月，詩集《雙人床》由臺北洪範書店出版。

10月，《井然有序——余光中序文集》由臺北九歌出版社出版。

11月，散文集《世界華文散文精品・余光中卷》由廣州出版社出版。

《井然有序——余光中序文集》獲聯合報「讀書人」年度最佳書獎。

1997 6月，散文集《余光中散文》由杭州浙江文藝出版社出版。

8月30日，應邀於吉林大學演講「詩與散文」，獲頒客座教授名銜。

散文集《高速的聯想》由天津百花文藝出版社出版。

9月1日，應邀於東北師範大學演講「現代主義在臺灣的發展」，獲頒客座教授名銜。

10月4日，獲中國詩歌藝術協會「詩歌藝術貢獻獎」。

12月，《繆斯的左右手》由長沙湖南人民出版社出版。

應聘擔任吉林大學客座教授。

1998　1月5日，財團法人廣播電視事業發展基金會拍攝「智慧的薪傳」系列紀錄片，以文化、藝術、哲學界人士為主，共52部，余光中部分為「詩壇巨擘——余光中」。

5月4日，獲頒文工會第一屆五四獎「文學交流獎」。

6月5日，獲中山大學傑出教學獎。

10月23日，中山大學文學院於中山大學逸仙館舉辦「重九的午後——余光中作品研討暨詩歌發表會」。

獲行政院新聞局「國際傳播獎章」。

《藍墨水的下游》、詩集《五行無阻》、散文集《日不落家》由臺北九歌出版社出版。

詩集《余光中詩選·第二卷1982～1998》由臺北洪範書店出版。

1998年，與九歌出版社創辦人蔡文甫合影。（余光中家屬提供）

1998年5月4日，五四獎頒獎典禮，眾得獎人合影。左起：許悔之、瘂弦、馬森、余光中、陸達誠、陳憲仁。（文訊文藝資料中心）

詩文合集《真空的感覺》由廣州新世紀出版社出版。

散文集《日不落家》獲聯合報「讀書人」年度最佳書獎。

1999　1月，傅孟麗《茱萸的孩子：余光中傳》由臺北天下遠見出版公司出版。

3月，擔任由淡江大學中文系承辦之《藍星詩學》發行人，至2006年9月出版第23期。

8月，《連環妙計》、詩集《與海為鄰》由上海文藝出版社出版。

12月，散文集《日不落家》獲中國時報第16屆吳魯芹散文獎。

應聘擔任中山大學光華講座教授、常德師範學院客座教授、岳陽師範學院客座教授。

2000　6月，散文集《逍遙遊》由臺北九歌出版社出版。

7月1日，獲第19屆高雄市文藝獎。

1999年，與詹澈（右）合影於臺東。（文訊文藝資料中心）

1999年，應邀出席梁實秋文學獎頒獎典禮。前排左起：林時機、李鍾桂、劉真、林澄枝、詹天性、余光中、張曉風、瘂弦。（文訊文藝資料中心）

2000年5月，應邀出席於莫斯科舉辦的「第67屆國際筆會世界大會」。前排左起：沈謙、高天恩、范我存；後排左起：朱炎、陳義芝、余光中、歐茵西。（余光中數位文學館提供）

詩集《高樓對海》由臺北九歌出版社出版。

詩集《余光中詩選》（劉登翰、陳聖生選編）由北京中國青年出版社出版。

10月7～9日，應邀出席武漢華中師範大學舉辦的「余光中暨香港沙田文學國際研討會」。

詩集《高樓對海》獲聯合報「讀書人」年度最佳書獎。

應聘擔任華中師範大學客座教授。

2001　5月，散文集《大美為美：余光中散文精選》（黃維樑編）由深圳海天出版社出版。

獲第二屆霍英東成就獎。

應聘擔任廣西師範大學客座教授、廣西大學客座教授、山東大學客座教授。

2002　1月，《余光中談翻譯》由北京中國對外翻譯出版公司出版。

3月，《含英吐華——梁實秋翻譯獎評語集》由臺北九歌出版社出版。

散文集《聽聽那冷雨》由臺北九歌出版社出版。

4月，散文集《海緣》由貴陽貴州教育出版社出版。

5月，徐學《火中龍吟：余光中評傳》由廣州花城出版社出版。

11月，散文集《余光中精選集》（陳義芝主編）由臺北九歌出版社出版。

應聘擔任南京大學客座教授、東南大學客座教授。

2003　6月，翻譯陳智勇（Shaun Tan）《緋紅樹》，由新竹和英出版社出版。

9月，中英對照詩集《余光中短詩選》由香港銀河出版社出版。

10月18日，應邀出席於浙江金華舉辦的「第九屆國際詩人筆會」開幕式，並獲第三屆中國當代詩魂金獎。

2003年12月4日，獲頒香港中文大學榮譽文學博士，出席頒獎典禮暨香港中文大學四十週年校慶。（余光中數位文學館提供）

總編《中華現代文學大系（貳）──臺灣1989～2003》（12冊），由臺北九歌出版社出版。

《余光中談詩歌》由南昌江西高校出版社出版。

散文集《左手的掌紋》由南京江蘇文藝出版社出版。

12月4日，獲香港中文大學榮譽文學博士學位。

散文集《飛毯原來是地圖》由香港三聯書店出版。

應聘擔任常州大學城客座教授、泉州華僑大學客座教授。

2004　7月，翻譯羅伯・佛洛斯特（Robert Frost）《雪晚林邊歇馬》，由新竹和英出版社出版。

9月，詩文合集《余光中經典作品》由北京當代世界出版社出版。

11月，中英對照詩集《守夜人》由臺北九歌出版再版。

獲南方都市報「第二屆華語文學傳媒大獎──2003年度散文家獎」。

應聘擔任上海同濟大學顧問教授。

2005　2月，散文集《青銅一夢》由臺北九歌出版社出版。

5月，散文集《余光中幽默文選》由臺北天下遠見出版公司出版。

2006　1月，詩集《余光中》由北京人民文學出版社出版。

5月，詩文合集《余光中精選集》由北京燕山出版社出版。

7月，《語文大師如是說──中和西》由香港商務印書館出版。

8月，詩文合集《余光中作品精選》由武漢長江文藝出版社出版。

2007　9月，詩集《蓮的聯想》由臺北九歌出版
　　　社出版。
　　　11月15日，獲臺灣大學2007年度傑出校友
　　　獎（人文藝術類）。
　　　應聘擔任珠海北京師範大學分校名譽文學
　　　院長。

2008　4月，詩集《鄉愁四韻》（胡有清編）由
　　　南京大學出版社出版。
　　　5月24日，政治大學文學院舉辦「余光中
　　　先生八十大壽學術研討會」，演講「年壽
　　　與堅持」，並獲頒政治大學名譽文學博士
　　　學位，另於25日出席座談會。
　　　散文集《望鄉的牧神》、詩集《白玉苦
　　　瓜》由臺北九歌出版社出版。
　　　6月，詩集《余光中六十年詩選》（陳芳
　　　明選編）由臺北印刻文學生活雜誌出版公
　　　司出版。
　　　10月，《舉杯向天笑》、詩集《藕神》、
　　　散文集《余光中跨世紀散文》（陳芳明
　　　編）、翻譯王爾德《不要緊的女人》，由
　　　臺北九歌出版社出版。
　　　詩集《余光中幽默詩選》（陳幸蕙選編）
　　　由臺北天下遠見出版公司出版。
　　　12月，應邀出席香港中文大學文學院於香
　　　港中文大學圖書館展覽廳舉辦的「香港
　　　相思──余光中的文學生命展覽」開幕典
　　　禮，並參加「余光中教授文學講座暨詩文
　　　欣賞會」。
　　　詩集《余光中集》由國立臺灣文學館出
　　　版。

2009　1月，散文集《沙田山居》由香港商務印
　　　書館出版。
　　　3月14日，應邀出席銘傳大學舉辦的
　　　「2009第二屆華語文教學國際研討會暨工
　　　作坊」，並獲頒「金語獎」。

2007年10月18日，出席中山大學舉辦的「余光中80慶壽」活動，由中山大學校長張宗仁（左）代表贈禮。（余光中數位文學館提供）

2007年11月15日，出席臺灣大學79週年校慶，獲校長李嗣涔（左）頒發傑出校友獎。（余光中數位文學館提供）

主講◆ 余光中（詩，立中山大學外文系榮譽
王文興（小立台灣大學外文系退
主持◆ 康來新（國 大學中文系教授）

2010年5月8日，在紀州庵文學森林舉辦的「林海音文學展」講座中，與小說家王文興（左）暢談當年廈門街的巷弄故事。（文訊文藝資料中心）

6月，《分水嶺上──余光中評論文集》由臺北九歌出版社出版。

7月，詩文合集《余光中選集》由香港明報月刊出版社出版。

12月，翻譯伊爾文・史東《梵谷傳》，由臺北九歌出版社出版。

2010　3月，散文集《青青邊愁》由臺北九歌出版社出版。

4月16日，應邀出席中山大學舉辦的「余光中教授講座」，演講「靜趣與動感──攝影與舞蹈」。

2011　1月7日，中山大學「余光中數位文學館」正式上線。

3月24日，中山大學「余光中特藏室」開幕啟用。

4月6日，應邀出席「他們在島嶼寫作──文學大師系列電影」聯合發表會，與會者有楊牧、鄭愁予、周夢蝶、余光中、夏祖焯、王文興。

2011年12月，獲第一屆全球華文文學星雲獎貢獻獎。（文訊文藝資料中心）

11月12日，獲中山大學頒贈名譽文學博士學位。

詩集《아! 중국이여! 대만이여!》（金尚浩譯）由首爾바움커뮤니케이션出版。

12月，獲第一屆全球華文文學星雲獎貢獻獎。

2012　3月9日，應邀出席元智大學舉辦的「余光中桂冠文學家大師講座暨名詩人朗誦會」。

3月21日應邀出席目宿媒體公司於信義誠品舉辦的「他們在島嶼寫作──文學大師系列電影『逍遙遊』」特映會，與會者有陳懷恩、楊照等。

3月24日應邀出席中華民國筆會、紀州庵文學森林於紀州庵文學森林二樓共同舉辦的「我的文學因緣」講座，演講「我的四度空間──詩·文·評·譯」。

4月20日，應聘擔任北京大學駐校詩人。

2012年3月21日，應邀出席目宿媒體公司於信義誠品舉辦的「他們在島嶼寫作——文學大師系列電影『逍遙遊』」特映會。左起：陳懷恩、余光中、楊照。（目宿媒體公司提供）

2012年4月14日，《濟慈名著譯述》新書對談與簽書會。左起：單德興、余光中、彭鏡禧。（陳素芳提供）

選譯《濟慈名著譯述》，由臺北九歌出版社出版。

5月，翻譯王爾德《不可兒戲》，由臺北九歌出版社出版。

2013　10月，翻譯王爾德《溫夫人的扇子》、《理想丈夫》，由臺北大地出版社出版。

12月7日，獲澳門大學頒授榮譽文學博士。

陳芳明編選《臺灣現當代作家研究資料彙編‧余光中》由國立臺灣文學館出版。

中山大學成立「余光中人文講座」。

2014　1月，散文集《青銅一夢》由武漢長江文藝出版社出版。

2月，散文集《望鄉的牧神》、《憑一張地圖》、《日不落家》由北京國際文化出版公司出版。

6月，《從徐霞客到梵高》由北京國際文化出版公司出版出版。

10月，《翻譯乃大道》由北京外語教學與研究出版社出版。

12月，散文集《古堡與黑塔》由香港中華書局出版。

2015　6月，詩集《太陽點名》由臺北九歌出版社出版。

8月，散文集《粉絲與知音》由臺北九歌出版社出版。

12月，散文集《左手的繆思》由臺北九歌出版社出版。

2017　1月，中英對照詩集《守夜人》由臺北九歌出版社三版。

3月，中英對照詩集《守夜人》由南京江蘇鳳凰文藝出版社出版。

7月，編譯《英美現代詩選》，由臺北九歌出版社出版。

2016年9月30日，夫婦二人與單德興（左）合影於高雄漢神餐廳。（余幼珊攝影）

9月，詩集《余光中詩畫集》由新竹和英
文化公司出版。

12月14日，病逝於高雄醫學大學附設醫
院。

12月29日，告別式於高雄市立殯儀館舉
行。

2018　2月24日，「詩壇的賽車手與指揮家——
余光中紀念特展」於臺北紀州庵古蹟大廣
間舉辦，至3月18日結束。

余光中作品目錄及提要

文訊編輯部

論述

掌上雨
臺北：文星書店
1964年6月，40開，223頁
文星叢刊33

臺北：大林出版社
1970年3月，40開，223頁
大林文庫31

臺北：時報文化出版公司
1980年4月，32開，237頁
時報書系245
本書集結作者論述文章。全書分兩輯，收錄〈論半票讀者的文學〉、〈論意象〉、〈論明朗〉等22篇。正文後有余光中〈後記〉。
1970年大林版：內容與1964年文星版相同。
1980年時報文化版：正文與1964年文星版相同。正文前新增余光中〈《掌上雨》新版序〉。

詩人與驢
臺中：藍燈出版社
1971年2月，40開，218頁
藍燈文叢2
本書集結作者論述文學、作家以及記述各地遊歷之文章。全書收錄〈詩人與驢〉、〈談短詩〉、〈新詩的問題〉、〈學問與深度〉等34篇。

分水嶺上——余光中評論文集
臺北：純文學出版社
1981年4月，32開，270頁
純文學叢書

臺北：九歌出版社
2009年6月，25開，278頁
余光中作品集13
本書集結作者1977至1981年之評論文章。全書分「新詩」、「古典詩」、「英美詩」、「白話文」、「小說」、「綜論」六部分，收錄〈徐志摩詩小論〉、〈用傷口唱歌的人——從〈午夜削梨〉看洛夫詩風之變〉、〈青青桂冠——香港第七屆青年文學獎詩組評判的感想〉等24篇。正文後有余光中〈後記〉。
2009年九歌版：正文與1981年純文學版同。正文前新增余光中〈新版前言〉。

從徐霞客到梵谷
臺北：九歌出版社
1994年2月，32開，339頁
九歌文庫374

臺北：九歌出版社
2006年7月，25開，275頁
余光中作品集2

北京：國際文化出版公司
2014年6月，25開，278頁
本書集結作者1981至1993年之評論文章。全書收錄〈杖底煙霞〉、〈中國山水遊記的感性〉、〈中國山水遊記的知性〉等14篇。正文前有余光中〈自序〉。
2006年九歌版：正文與1994年九歌版同。正文前新增余光中〈新版序〉。
2014年國際文化版：更名為《從徐霞客到梵高》。正文與1994年九歌版同。正文後新增〈編者說明〉。

井然有序——余光中序文集
臺北：九歌出版社
1996年10月，32開，500頁
九歌文庫450
本書集結作者為他人作品所作之序文。全書分「詩集序」、「文集序」、「小說序」、「翻譯序」、「畫集序」、「選集序」、「詞典序」七輯，收錄〈樓高燈亦愁——序方娥真的《娥眉賦》〉、〈穿過一叢珊瑚礁——序敻虹的《紅珊瑚》〉、〈拔河的繩索會呼痛嗎？——序林彧的《夢要去旅行》〉、〈從冰湖到暖海——序鍾玲的《芬芳的海》〉等35篇。正文前有余光中〈為人作序——寫在《井然有序》之前〉，正文後附錄〈受序著作出版概況〉。

繆斯的左右手
長沙：湖南人民出版社
1997年12月，新25開，240頁
書海浮槎文叢
（傅光明編）
本書集結作者論述文章。全書分「誰是大詩人？」、「向歷史交卷」二輯，收錄〈論情詩〉、〈從古典到現代詩〉、〈誰是大詩人？〉等20篇。正文前有季羨林〈總序〉、傅光明〈詩文雙絕余光中〉。

藍墨水的下游
臺北：九歌出版社
1998年10月，32開，279頁
九歌文庫514
本書集結作者論述文章。全書收錄〈藍墨水的下游——為「四十年來中國文學會議」而作〉、〈散文的知性與感性——為蘇州大學「當代華文散文國際研討會」而作〉、〈作者，學者，譯者——「外國文學中譯國際研討會」主題演說〉等11篇。正文後有余光中〈後記〉。

連環妙計
上海：上海文藝出版社
1999年8月，14×20公分，462頁
臺灣暨海外華語作家自選文庫
書為作者自選評論集。全書分六輯，收錄〈中國古典詩的句法〉、〈連環妙計──略論中國古典詩的時空結構〉、〈象牙塔到白玉樓〉等25篇。正文前有余光中〈自序〉。

余光中談翻譯
北京：中國對外翻譯出版公司
2002年1月，14×20公分，203頁
翻譯理論與實務叢書
（羅進德主編）

北京：外語教學與研究出版社
2014年10月，32開，270頁
譯家之言

本書選輯作者敘述翻譯理念之文章。全書收錄〈翻譯與批評〉、〈中國古典詩的句法〉、〈中西文學之比較〉等22篇。正文前有羅進德〈為中國第四次翻譯高潮貢獻精品──翻譯理論與實務叢書總序〉、思果〈序〉。
2014年外語教學與研究版：更名為《翻譯乃大道》。正文與2002年中國對外翻譯版同。正文前刪去羅進德〈為中國第四次翻譯高潮貢獻精品──翻譯理論與實務叢書總序〉。

含英吐華──梁實秋翻譯獎評語集
臺北：九歌出版社
2002年3月，25開，331頁
九歌文庫629
本書集結作者評論梁實秋文學獎翻譯組作品之文章，附有譯詩原文及譯文。全書收錄〈從惠特曼到羅素──評第一屆詩文雙冠軍〉、〈理解原文·掌握譯文──評第一屆譯文第三名〉、〈左抵蒲伯，右擋華翁──評第二屆譯詩組冠軍〉等14篇。正文前有余光中〈含英吐華譯家事〉。

余光中談詩歌
南昌：江西高校出版社
2003年10月，25開，316頁
惠風論叢第二輯
本書內容包含作者談論詩觀、評論各家詩人作品風格，以及為自身作品所作之序言等等。全書收錄〈談新詩的三個問題〉、〈現代詩怎麼變？〉、〈從天真到自覺──我們需要什麼樣的詩？〉等28篇。正文前有〈編輯者言〉、余光中〈自序〉。

語文大師如是說──中和西
香港：商務印書館
2006年7月，32開，121頁
本書主要列舉現代學生作文中容易出現的問題與現象，藉以闡述良好中文的必備要素。全書收錄〈中國的常態與變態〉、〈用現代中文報導現代生活〉、〈早期作家筆下的西化中文〉等九篇。

舉杯向天笑
臺北：九歌出版社
2008年10月，25開，324頁
余光中作品集10
本書集結作者文學評論文章。全書分六輯，收錄〈舉杯向天笑──論中國詩之自作多情〉、〈李白與愛倫坡的時差──在文法與詩意之間〉、〈捕光捉影緣底事──從文法說到畫法〉、〈讀者，學者，作者〉等38篇。正文前有余光中〈正論散評皆文心〉。

舟子的悲歌
臺北：野風出版社
1952年3月，12×17公分，70頁
本書集結作者1950至1953年之詩作。全書分二輯，收錄〈揚子江船夫曲〉、〈清道夫〉、〈真理歌〉、〈沉思〉等31首。正文後有余光中〈後記〉。

藍色的羽毛
臺北：藍星詩社
1954年10月，32開，86頁
藍星詩叢
本書集結作者1952至1953年之詩作。全書分二輯，收錄〈沉默〉、〈海之戀〉、〈夜別〉、〈信徒之歌〉等43首。正文後有余光中〈後記〉。

萬聖節
臺北：藍星詩社
1960年8月，14.7×17公分，100頁
藍星詩叢
本書集結作者於愛奧華時期之詩作。全書收錄〈塵埃〉、〈我的分割〉、〈芝加哥〉、〈新大陸之晨〉等33首。正文前有余光中〈序〉，正文後附錄吳望堯詩作〈半球的憂鬱〉、吳望堯詩作〈四方城裡的中國人〉、余光中〈記佛洛斯特〉、余光中〈石城之行〉、余光中〈後記〉。

鐘乳石
香港：中外畫報社
1960年10月，12.5×17.5公分，90頁
中外詩叢
本書集結作者1957至1958年之詩作。全書收錄〈黎明〉、〈四月〉、〈怯〉、〈世紀的夢〉等43首。正文前有覃子豪〈前言〉，正文後有〈作者簡介〉、余光中〈後記〉。

蓮的聯想
臺北：文星書店
1964年6月，40開，129頁
文星叢刊58

臺北：時報文化出版公司
1980年10月，32開，124頁
時報書系249

臺北：九歌出版社
2007年9月，25開，215頁
余光中作品集4

本書為作者詩作集結。全書收錄〈六角亭〉、〈蓮池邊〉、〈蓮的聯想〉、〈等你，在雨中〉等30首。正文前有余光中〈蓮戀蓮（代序）〉，正文後有〈作者英譯二首〉、余光中〈後記〉。
1980年時報文化版：正文與1964年文星版同。正文前新增余光中〈夏是永恆——《蓮的聯想》新版序〉，正文後刪去〈作者英譯二首〉，新增江萌〔熊秉明〕〈論三聯句——關於余光中的《蓮的聯想》〉。
2007年九歌版：正文與1964年文星版同。正文前新增余光中〈蜻蜓點水為誰飛？——九歌最新版序〉、〈超越時空——一九六九年大林版序〉、〈夏是永恆——一九八〇年時報版序〉，正文後刪去〈作者英譯二首〉，新增熊秉明〈論三聯句——關於余光中的《蓮的聯想》〉、〈本書相關評論索引〉、〈作者自譯中英對照四首〉。

五陵少年
臺北：文星書店
1967年4月，40開，113頁
文星叢刊247

臺北：愛眉文藝出版社
1970年11月，40開，113頁
愛眉文庫3

臺北：大地出版社
1981年8月，32開，103頁
萬卷文庫99
本書集結作者1960至1964年之詩作。全書收錄〈坐看雲起時〉、〈敬禮，海盜旗！〉、〈吐魯番〉、〈大度山〉等34首。正文前有余光中〈自序〉。
1970年愛眉文藝版：內容與1967年文星版同。
1981年大地版：正文與1967年文星版同。正文前新增余光中〈新版序〉。

天國的夜市
臺北：三民書局
1969年5月，40開，154頁
三民文庫49

臺北：三民書局
2005年1月，新25開，126頁
三民叢刊54
本書集結作者1954至1956年之詩作。全書收錄〈鵝鑾鼻〉、〈十字架〉、〈向我的鋼筆致敬〉、〈給劉鎏〉、〈永恆〉等62首，正文後有余光中〈後記〉。
2005年三民版：正文與1969年三民版同。正文前新增余光中〈新版自序〉，正文後新增陳幸蕙〈臺灣頌──鵝鑾鼻〉。

敲打樂
臺北：純文學出版社
1969年11月，32開，99頁
藍星叢書9

臺北：九歌出版社
1986年2月，32開，139頁
九歌文庫188
本書集結作者於美國講學期間之詩作，內容以異國風情、思念家人、緬懷古人為主。全書收錄〈仙能渡〉、〈七層下〉、〈鐘乳巖〉等19首。正文後有〈附夏菁贈詩一首〉、〈附作者英譯二首〉、余光中〈後記〉。
1986年九歌版：正文與1969年純文學版同。正文前新增余光中〈新版自序〉。

在冷戰的年代
臺北：純文學出版社
1969年11月，32開，158頁
藍星叢書10

臺北：純文學出版社
1984年2月，18×19.5公分，101頁
純文學叢書122
本書為作者1966年回臺以後之詩作。全書收錄〈帶一把泥土去——致瘂弦〉、〈凡有翅的〉、〈雙人床〉、〈楓和雪〉、〈公墓的下午〉等52首。正文前有余光中〈致讀者〉、"To the Reader"，正文後有〈附作者英譯四首〉、余光中〈後記〉。
1984年純文學版：正文與1969年純文學版同。正文前新增余光中〈新版序〉。

白玉苦瓜
臺北：大地出版社
1974年7月，32開，168頁
萬卷文庫25

臺北：九歌出版社
2008年5月，25開，212頁
余光中作品集06
本書集結作者赴香港定居前之詩作。全書收錄〈江湖上〉、〈白霏霏〉、〈小時候〉、〈蓮花落〉、〈蒙特瑞半島〉等57首。正文前有余光中〈自序〉，正文後有余光中〈後記〉。
2008年九歌版：正文新增〈霧社〉、〈碧湖〉。正文前有余光中〈成果而甘——九歌最新版序〉、〈詩的勝利——一九七四年大地版初版序〉、〈詩之感性的兩個要素——一九七四年大地版後記〉、〈破除現代詩沒有讀者的謠言——一九七四年大地版三序〉、〈杜甫有折舊率嗎？——九八三年大地版十版序〉，正文後附錄〈本書相關評論索引〉。

天狼星
臺北：洪範書店
1976年8月，32開，165頁
洪範文學叢書1

臺北：洪範書店
2008年10月，25開，167頁
洪範文學叢書1
本書集結作者長篇詩作。全書收錄〈少年行〉、〈大度山〉、〈憂鬱狂想曲〉等四首。正文後有余光中〈天狼仍嗥光年外（後記）〉。
2008年洪範版：內容與1976年洪範版同。

與永恆拔河
臺北：洪範書店
1979年4月，32開，213頁
洪範文學叢書41

臺北：洪範書店
2008年10月，25開，209頁
洪範文學叢書41
全書分「九廣鐵路」、「沙田秋望」、「紅葉」、
「憶舊遊」、「隔水書」、「旗」、「唐馬」、
「海祭」八輯，收錄〈颱風夜〉、〈沙田之秋〉、
〈九廣路上〉、〈旺角一老嫗〉、〈燈下〉等71
首。正文後有余光中〈後記〉、〈寫作年表〉。
2008年洪範版：內容與1979年洪範版同。

余光中詩選1949～1981
臺北：洪範書店
1981年8月，32開，369頁
洪範文學叢書72

臺北：洪範書店
2006年4月，25開，344頁
洪範文學叢書72
本書依據創作先後順序編排，呈現出作者詩風的發展以及詩思的變化。全
書分「舟子的悲歌」、「藍色的羽毛」、「天國的夜市」、「鐘乳石」、
「萬聖節」、「五陵少年」、「天狼星」、「蓮的聯想」、「敲打樂」、
「在冷戰的年代」、「白玉苦瓜」、「與永恆拔河」、「未結集作品」13
輯，收錄〈揚子江船夫曲〉、〈清道夫〉、〈沉思〉、〈算命瞎子〉、
〈舟子的悲歌〉等110首。正文前有余光中〈剖出年輪三十三——代自
序〉。
2006年洪範版：正文「未結集作品」更名為「隔水觀音」。

隔水觀音
臺北：洪範書店
1983年1月，32開，181頁
洪範文學叢書90

臺北：洪範書店
2008年10月，25開，178頁
洪範文學叢書90
全書收錄〈湘逝——杜甫歿前舟中獨白〉、〈夜讀東坡〉、〈故鄉的來信——悼舅家的幾個亡魂〉、〈夜遊龍山寺〉、〈隔水觀音——淡水回臺北途中所想〉等53首。正文後有余光中〈後記〉。
2008年洪範版：內容與1983年洪範版同。

紫荊賦
臺北：洪範書店
1986年7月，32開，195頁
洪範文學叢書160

臺北：洪範書店
2008年10月，25開，189頁
洪範文學叢書160
本書集結以香港、臺灣為主題的詩作，呈現作者於沙田山居時期的恬淡心境，以及返臺定居前的惜別之情。全書收錄〈飛過海峽〉、〈夜色如網〉、〈七字經〉、〈最薄的一片暮色〉、〈一枚松果〉等62首。正文前有余光中〈十載歸來賦紫荊——自序）〉。
2008年洪範版：內容與1986年洪範版同。

余光中一百首
成都：四川文藝出版社
1988年11月，11.5×18公分，275頁
（流沙河編）

香港：香江出版公司
1989年1月，13.5×20公分，220頁
沙田文叢7
（黃維樑主編；流沙河選釋）
本書集結作者之詩作，並於各首詩末附錄由流沙河闡釋的賞析。全書分
「1949～1959」、「1960～1969」、「1970～1979」、「1980～1986」四
輯，收錄〈揚子江船夫曲〉、〈又回來了〉、〈珍妮的辮子〉、〈女高音〉、
〈項圈〉等100首。正文前有流沙河〈編者說明〉。
1989年香江版：正文與1988年四川文藝版同。正文前有黃維樑〈《沙田文
叢》出版緣起〉、黃維樑〈前言〉、流沙河〈選釋者如是說〉。

夢與地理
臺北：洪範書店
1990年6月，32開，194頁
洪範文學叢書209
本書集結作者1985至1988年之詩作。全書收錄〈問燭〉、〈紙船〉、〈海
劫〉、〈水平線──寄香港故人〉、〈與李白同遊高速公路〉等55首。正文
後有余光中〈後記〉。

安石榴
臺北：洪範書店
1996年4月，32開，192頁
洪範文學叢書270
本書集結作者1986至1990年之詩作。全書分三輯，收錄〈埔里甘蔗〉、〈初
嚼檳榔〉、〈安石榴〉、〈削蘋果〉、〈蓮霧〉等54首。正文後有余光中
〈後記〉。

雙人床
臺北：洪範書店
1996年9月，50開，56頁
隨身讀10
（鄭樹森主編）
本書精選余光中代表詩作。全書收錄〈等你，在雨中〉、〈月光曲〉、
〈茫〉等16首。

五行無阻
臺北：九歌出版社
1998年10月，32開，181頁
九歌文庫512
本書集結作者1991至1994年之詩作。全書收錄〈東飛記〉、〈洛城看劍
記──贈張錯〉、〈初夏的一日〉、〈木蘭樹下〉等45首。正文後有余光
中〈後記〉。

余光中詩選・第二卷1982～1998
臺北：洪範書店
1998年10月，32開，300頁
洪範文學叢書72

臺北：洪範書店
2007年4月，25開，300頁
洪範文學叢書72
本書集結作者1982至1998年之詩作。全書分「紫荊
賦」、「夢與地理」、「安石榴」、「五行無阻」、
「未結集作品」五輯，收錄〈夜色如網〉、〈最薄的
一片暮色〉、〈一枚松果〉、〈夸父〉、〈小木屐〉
等87首。正文前有余光中〈自序〉。
2007年洪範版：內容與1998年洪範版同。

與海為鄰
上海：上海文藝出版社
1999年8月，14×20公分，360頁
臺灣暨海外華語作家自選文庫
本書集結作者之詩作，並依創作時間先後編排。全書分「舟子的悲歌
（1949〜1952）」、「藍色的羽毛（1952〜1953）」、「天國的夜市
（1954〜1956）」、「鐘乳石（1957〜1958）」、「萬聖節（1958〜
1959）」、「五陵少年（1960〜1964）」、「天狼星（1960〜1963）」、
「蓮的聯想（1961〜1963）」、「敲打樂（1964〜1965）」、「在冷戰的
年代（1966〜1969）」、「白玉苦瓜（1970〜1974）」、「與永恆拔河
（1975〜1979）」、「隔水觀音（1979〜1981）」、「紫荊賦（1982〜
1985）」、「夢與地理（1985〜1988）」、「安石榴（1986〜1990）」、
「夜讀曹操（1991〜1996）」共17輯，收錄〈揚子江船夫曲〉、〈沉思〉、
〈算命瞎子〉、〈舟子的悲歌〉、〈淡水河邊弔屈原〉等143首。正文前有
余光中〈自序〉。

高樓對海
臺北：九歌出版社
2000年7月，32開，213頁
九歌文庫576

臺北：九歌出版社
2007年5月，25開，216頁
余光中作品集3
本書集結作者高雄時期之詩作。全書收錄〈喉核——高爾夫情意結之一〉、
〈麥克風，耳邊風——高爾夫情意結之二〉、〈十八洞以外——高爾夫情意
結之三〉、〈廈門的女兒——謝舒婷〉、〈浪子回頭〉等59首。正文後有余
光中〈後記〉。
2007年九歌版：正文與2000年九歌版同。正文後新增唐捐〈海闊，風緊，樓
高——讀余光中《高樓對海》〉。

余光中詩選
北京：中國青年出版社
2000年7月，14×20公分，384頁
百年百種優秀中國文學圖書
（劉登翰、陳聖生選編）

全書分「卷前：大陸時期（1949年以前）」、「卷一：臺灣前期（1950～1974）」、「卷二：香港時期（1975～1985）」、「卷三：臺灣後期（1985～）」四部分，收錄〈羿射九日〉、〈臭蟲歌〉、〈揚子江船夫曲〉、〈沙浮投海〉、〈歌謠兩首〉等183首。正文前有作者像，正文後有劉登翰〈鐘整個大陸的愛在一只苦瓜——《余光中詩選》編後〉、劉登翰〈二〇〇〇年版後記〉。

余光中
北京：人民文學出版社
2006年1月，新25開，340頁
中國當代名詩人選集

全書分「鄉情」、「懷古」、「親情」、「友情」、「愛情」、「還鄉」、「自述」、「人物」、「詠物」、「造化」十輯，收錄〈舟子的悲歌〉、〈我之固體化〉、〈五陵少年〉、〈春天，遂想起〉、〈當我死時〉等161首。

鄉愁四韻
南京：南京大學出版社
2008年4月，14×21公分，166頁
（胡有清編）

南京：南京大學出版社
2009年9月，新25開，172頁
（胡有清編）

本書集結余光中以鄉愁為主題的詩作。全書分「雪的感覺」、「呼喚」、「北望」、「浪子回頭」四輯，收錄〈塵埃〉、〈我之固體化〉、〈當我死時〉、〈四方城〉、〈多峰駝上〉等59首。正文前有作家照片、余光中〈從出生到出版〉，正文後有胡有清〈凡我所在，即為中國——論余光中鄉愁詩與中國認同〉、胡有清〈補記〉。
2009年南京版：正文與2008年南京版同。正文前新增余光中〈長結詩緣〉。

余光中六十年詩選
臺北：印刻文學生活雜誌出版公司
2008年6月，25開，367頁
文學叢書189
（陳芳明選編）
本書依據作者創作先後順序編排。全書分「臺北時期」、「香港時期」、
「高雄時期」三輯，收錄〈沉思——南海舟中望星有感〉、〈舟子的悲
歌〉、〈昨夜你對我一笑〉、〈七夕〉、〈詩人之歌〉等97首。正文前有
陳芳明〈編輯前言：詩藝追求，止於至善〉，正文後有劉思坊整理〈余光
中創作年表〉。

藕神
臺北：九歌出版社
2008年10月，25開，222頁
余光中作品集9
全書收錄〈捉兔〉、〈雞語〉、〈魔鏡〉、〈畫中有詩〉、〈永念蕭邦〉
等72首。正文前有余光中〈詩藝老更醇？〉。

余光中幽默詩選
臺北：天下遠見出版公司
2008年10月，25開，265頁
風華館48
（陳幸蕙選編・賞析）
本書選輯作者詩作，內容包含抒情、敘事、寫景、自遣、調侃、諧謔、諷
刺等，每首詩後附有賞析箋註。全書分三輯，收錄〈四谷怪談〉、〈灰鴿
子〉、〈雪橇〉、〈熊的獨白〉、〈調葉珊〉等60首。正文前有陳幸蕙〈在
微笑中親近大師〉。

余光中集
臺南：國立臺灣文學館
2008年12月，25開，142頁
臺灣詩人選集14
（丁旭輝編）
本書集結作者以臺灣為主題的詩作。全書收錄〈大度山〉、〈遠洋有颱風〉、〈母親的墓〉、〈航空信〉等39首。正文前有黃碧端〈主委序〉、鄭邦鎮〈騷動，轉成運動〉、彭瑞金〈「臺灣詩人選集」編序〉、〈臺灣詩人選集編輯體例說明〉、余光中影像、〈余光中小傳〉，正文後有〈解說〉、〈余光中寫作生平簡表〉、〈閱讀進階指引〉、〈余光中已出版詩集要目〉。

太陽點名
臺北：九歌出版社
2015年6月，25開，253頁
本書選輯作者2007至2015年作品。全書分「短製」、「唐詩神遊」、「長詩」三輯，收錄〈窗之聯想〉、〈茶頌〉、〈晚間新聞〉、〈思華年──贈吾妻我存〉、〈蟬聲〉等82首。正文後有余光中〈後記〉、手抄詩五首。

余光中詩畫集
新竹：和英文化公司
2017年9月，21.5×30公分，〔86頁〕
我們的故事系列
（烏貓、徐素霞、咫山、Julia Yellow繪）
本書選輯作者知名詩作搭配插畫。全書收錄〈鄉愁四韻〉、〈一枚銅幣〉、〈踢踢踏〉、〈鄉愁〉四首。

左手的繆思
臺北：文星書店
1963年9月，40開，160頁
文星叢刊4

臺北：時報文化出版公司
1980年4月，32開，173頁
時報書系246

臺北：九歌出版社
2015年12月，25開，207頁
余光中作品集23
本書集結作者於1952至1963年之散文。全書收錄〈記佛洛斯特〉、〈艾略特的時代〉、〈舞與舞者〉等18篇。正文後有余光中〈後記〉。
1980年時報文化版：正文與1963年文星版同。正文前新增余光中〈《左手的繆思》新版序〉。
2015年九歌版：正文與1963年文星版同。正文前新增余光中〈新版序〉、余光中〈自序〉。

逍遙遊
臺北：文星書店
1965年7月，40開，209頁
文星叢刊167

臺北：大林出版社
1969年7月，40開，209頁
大林文庫11

臺北：時報文化出版公司
1984年3月，32開，215頁
人間叢書18

臺北：九歌出版社
2000年6月，32開，263頁
九歌文庫575

本書集結作者1963至1965年之散文，內容以文藝、抒情為主。全書收錄〈下
五四的半旗！〉、〈迎七年之癢〉、〈楚歌四面談文學〉等20篇。正文後有
余光中〈後記〉。
1969年大林版：內容與1965年文星版同。
1984年時報文化版：正文與1965年文星版同。正文前新增余光中〈新版
序〉。
2000年九歌版：正文與1965年文星版同。正文前新增余光中〈九歌版新
序〉。

望鄉的牧神
臺北：純文學出版社
1968年7月，32開，276頁
藍星叢書5

臺北：九歌出版社
2008年5月，25開，236頁
余光中作品集7

北京：國際文化出版公司
2014年2月，25開，246頁
本書集結作者1966至1968年之散文，內容以文學、抒
情為主。全書收錄〈咦呵西部〉、〈南太基〉、〈登
樓賦〉等24篇。正文後有余光中〈後記〉。
2008年九歌版：正文與1968年純文學版同。正文前
新增余光中〈壯遊與雄心——《望鄉的牧神》新版
序〉。
2014年國際文化版：內容與2008年九歌版同。

焚鶴人
臺北：純文學出版社
1972年4月，32開，213頁
藍星叢書11
本書集結作者抒情散文。全書收錄〈下游的一日〉、〈食花的怪客〉、〈焚
鶴人〉等19篇。正文後有余光中〈後記〉。

聽聽那冷雨
臺北：純文學出版社
1974年5月，32開，283頁
純文學叢書

臺北：九歌出版社
2002年3月，25開，251頁
九歌文庫628

臺北：九歌出版社
2008年4月，25開，251頁
余光中作品集5
本書集結作者1971至1974年之散文。全書收錄〈萬里
長城〉、〈山盟〉、〈南半球的冬天〉等28篇。正文
後有余光中〈後記〉。
2002年九歌版：正文與1974年純文學版同。正文後新
增余光中〈九歌新版後記〉。
2008年九歌版：內容與2002年九歌版同。

余光中散文選
香港：文化・生活出版社
1975年11月，32開，264頁
中國現代文學叢書3
全書分三輯，收錄〈塔阿爾湖〉、〈塔〉、〈咦呵西部〉等23篇。正文前有
余光中〈自序〉。

青青邊愁
臺北：純文學出版社
1977年12月，32開，313頁
純文學叢書

臺北：九歌出版社
2010年3月，25開，318頁
余光中作品集15
本書集結作者香港時期之散文。全書分四輯，收錄〈不朽，是一堆頑石？〉、〈卡萊爾故居〉、〈高速的聯想〉、〈思臺北，念臺北〉等34篇。正文後有余光中〈離臺千日──《青青邊愁》後記〉。
2010年九歌版：正文與1977年純文學版同。正文前新增余光中〈新版前言〉。

記憶像鐵軌一樣長
臺北：洪範書店
1987年1月，32開，278頁
洪範文學叢書165

臺北：洪範書店
2006年8月，25開，233頁
洪範文學叢書165
本書集結作者1978至1985年之散文。全書收錄〈催魂鈴〉、〈牛蛙記〉、〈沒有人是一個島〉等20篇。正文前有余光中〈自序〉。
2006年洪範版：內容與1987年洪範版同。

憑一張地圖
臺北：九歌出版社
1988年12月，32開，241頁
九歌文庫264

臺北：九歌出版社
2008年8月，25開，205頁
余光中作品集8

北京：國際文化出版公司
2014年2月，25開，182頁
本書為作者小品散文集。全書分「隔海書」、「焚書
禮」兩輯，收錄〈翻譯乃大道〉、〈譯者獨憔悴〉、
〈美文與雜文〉、〈樵夫的爛柯〉等48篇。正文後有
余光中〈後記〉。
2008年九歌版：正文與1988年九歌版同。正文前新增
余光中〈自律的內功——新版自序〉。
2014年國際文化版：內容與2008年九歌版同。

鬼雨‧余光中散文
廣州：花城出版社
1989年5月，11.5×18.5公分，361頁
八方叢書
（辛磊編）
全書分「逍遙遊」、「高速的聯想」、「幽默的境界」三輯，收錄〈塔阿爾
湖〉、〈逍遙遊〉、〈九張床〉、〈塔〉等42篇。正文前有何龍〈奇妙的文
字方陣〉，正文後附錄余光中〈剪掉散文的辮子〉。

隔水呼渡
臺北：九歌出版社
1990年1月，32開，272頁
九歌文庫283
本書內容多為作者至世界各地的遊記與感想。全書收錄〈隔水呼渡〉、〈關
山無月〉、〈龍坑有雨〉等16篇。正文前有照片13張、余光中〈自序〉。

橋跨黃金城
北京：人民日報出版社
1996年1月，14×20.5公分，439頁
名人名家書系
（林杉編）
本書集結作者1952至1995年之散文。全書分「逍遙遊」、「蓮戀蓮」、「另有離愁」、「剪掉散文的辮子」等四部分，收錄〈塔阿爾湖〉、〈逍遙遊〉、〈四月，在古戰場〉、〈黑靈魂〉、〈塔〉等60篇。正文前有余光中〈自序〉，正文後有馮林山〈心靈背面奇幻的燈光（編後）〉。

世界華文散文精品・余光中卷
廣州：廣州出版社
1996年11月，25開，222頁
全書收錄〈塔〉、〈咦呵西部〉、〈登樓賦〉等26篇。正文前有余光中〈自序〉。

余光中散文
杭州：浙江文藝出版社
1997年6月，14×20.5公分，460頁

浙江：浙江文藝出版社
1999年4月，14×20.5公分，407頁
臺灣八大家

杭州：浙江文藝出版社
2008年4月，15×23公分，259頁
名家散文典藏
全書分「抒情散文」、「知性散文」、「小品文」、「論述文」四輯，收錄〈石城之行〉、〈黑靈魂〉、〈塔〉、〈南太基〉等49篇。正文前有余光中〈自序〉。
1999年浙江文藝版：內容與1997年浙江文藝版同。
2008年浙江文藝版：正文刪去「論述文」一輯共五篇。

高速的聯想
天津：百花文藝出版社
1997年8月，新25開，268頁
臺港名家散文自選叢書
全書分二輯，收錄〈給莎士比亞的一封回信〉、〈論天亡〉、〈朋友四型〉、〈沙田山居〉等35篇。正文前有余光中〈自序〉，正文後有〈作者著作出版紀要〉。

日不落家
臺北：九歌出版社
1998年10月，32開，248頁
九歌文庫513

臺北：九歌出版社
2009年10月，25開，234頁
余光中作品集14

北京：國際文化出版公司
2014年2月，25開，209頁
本書集結作者1991至1998年之散文。全書收錄〈眾嶽崢嶸〉、〈山色滿城〉、〈重遊西班牙〉等21篇。正文後有余光中〈後記〉。
2009年九歌版：正文與1988年九歌版同。正文前新增余光中〈新版序〉，正文後新增余珊珊〈詩人與父親〉、余幼珊〈父親‧詩人‧同事〉、余佩珊〈月光海岸〉、余季珊〈爸，生日快樂！〉。
2014年國際文化版：內容與2009年九歌版同。

大美為美：余光中散文精選
深圳：海天出版社
2001年5月，15×22.5公分，370頁
當代中國散文八大家
（黃維樑編）
全書分三輯，收錄〈鬼雨〉、〈逍遙遊〉、〈咦呵西部〉、〈聽聽那冷雨〉、〈四月，在古戰場〉等51篇。正文前有季羨林〈漫談散文（代總序）〉、黃維樑〈前言〉，正文後有黃國彬〈附錄：余光中的大品散文〉、曠昕〈跋〉。

海緣
貴陽：貴州教育出版社
2002年4月，17×20公分，152頁
金散文叢書・海峽卷
（肖復興主編）
全書收錄〈木棉之旅〉、〈九張床〉、〈落日故人情〉等18篇。正文前有肖復興〈總序〉。

余光中精選集
臺北：九歌出版社
2002年11月，25開，333頁
新世紀散文家6
（陳義芝主編）
本書精選作者散文作品。全書分「聽聽那冷雨」、「沙田山居」、「日不落家」三輯，收錄〈鬼雨〉、〈四月，在古戰場〉、〈南太基〉等26篇。正文前有陳義芝〈編輯前言〉、陳義芝〈推薦余光中〉、黃維樑／黃國彬／孫瑋芒／周澤雄／David Pollard〈綜論余光中散文〉、〈余光中散文觀〉，正文後有〈余光中寫作年表〉、〈余光中散文重要評論索引〉。

左手的掌紋
南京：江蘇文藝出版社
2003年10月，25開，328頁
（馮亦同編）

南京：江蘇文藝出版社
2013年5月，25開，281頁
（馮亦同編）
本書精選作者散文作品。全書分「蒲公英的歲月」、「開卷如開芝麻門」、
「憑一張地圖」、「幽默的境界」、「日不落家」、「落日故人情」、「自
豪與自幸」七輯，收錄〈石城之行〉、〈鬼雨〉、〈落楓城〉、〈九張
床〉、〈登樓賦〉等54篇。正文前有余光中〈自序〉，正文後有馮亦同〈編
後記〉。
2013年江蘇文藝版：正文刪去〈鬼雨〉、〈九張床〉、〈地圖〉等27篇，新
增〈壯哉山河〉、〈不流之星〉、〈我是余光中的祕書〉等八篇。

飛毯原來是地圖
香港：三聯書店
2003年12月，42開，212頁
三聯文庫82
本書集結作者短篇散文作品。全書收錄〈朋友四型〉、〈春來半島〉、
〈夜讀叔本華〉等21篇。

青銅一夢
臺北：九歌出版社
2005年2月，25開，270頁
余光中作品集1

武漢：長江文藝出版社
2014年1月，25開，268頁
本書集結作者2001至2004年之散文。全書收錄〈九九重九，究竟多久？〉、〈天方飛毯原來是地圖〉、〈略掃詩興〉等25篇。正文前有作者收藏與照片，正文後有後有余光中〈後記〉。
2014年長江文藝版：內容與2005年九歌版同。

余光中幽默文選
臺北：天下遠見出版公司
2005年5月，25開，209頁
風華館36
全書分二輯，收錄〈給莎士比亞的一封回信〉、〈蝗族的盛宴〉、〈朋友四型〉等24篇。正文前有余光中〈自序——悲喜之間徒苦笑〉。

余光中跨世紀散文
臺北：九歌出版社
2008年10月，25開，478頁
余光中作品集12
（陳芳明主編）
全書分「抒情自傳」、「天涯躧蹤」、「師友過從」、「詩論文論」、「諧趣文章」五輯，收錄〈蓮戀蓮〉、〈鬼雨〉、〈逍遙遊〉、〈望鄉的牧神〉等47篇。正文前有陳芳明〈左手掌紋，壯麗敞開——《余光中跨世紀散文》前言〉，正文後有〈余光中大事年表〉。

沙田山居
香港：商務印書館
2009年1月，25開，103頁
魚之樂優質中文階梯閱讀
本書記述作者於香港沙田居住時期之所見所聞，以及與文友之間的交誼。全書分「余光中在香港」、「自然風光和筆下風景」二輯，收錄〈沙田山居〉、〈吐露港上〉、〈飛鵝山頂〉等11篇。

余光中散文精選
杭州：浙江文藝出版社
2011年3月，25開，240頁
青少年文庫

杭州：浙江文藝出版社
2014年1月，25開，253頁
散文名家典藏
全書分「抒情散文」、「知性散文」、「小品文」三輯，收錄〈石城之行〉、〈南太基〉、〈丹佛城〉、〈聽聽那冷雨〉等34篇。正文前有余光中〈上游的風景〉。
2014年浙江文藝版：更名為《凡‧高的向日葵──余光中散文》。正文新增〈西湖懷古〉、〈故國神遊〉、〈猛虎和薔薇〉等五篇。正文前刪去余光中〈上游的風景〉，新增余光中〈自序〉、余光中〈新版自序〉。

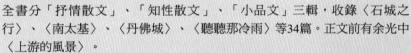

古堡與黑塔
香港：中華書局
2014年12月，25開，343頁
我的旅遊文學精品庫
本書選輯作者行旅遊記。全書收錄〈登樓賦〉、〈咦呵西部〉、〈望鄉的牧神〉等22篇。正文前有潘耀明〈總序〉、余光中〈自序〉。

粉絲與知音
臺北：九歌出版社
2015年8月，25開，318頁
余光中作品集22
本書選輯作者2006至2014年作品。全書分二輯，收錄〈水鄉招魂〉、〈片瓦渡海〉、〈拜冰之旅〉、〈西灣落日圓〉、〈失帽記〉等50篇。正文後有余光中〈後記〉。

合集

春來半島
香港：香江出版公司
1985年12月，25開，167頁
沙田文叢1
（黃維樑主編）
本書為詩、散文合集。全書分二輯，「詩」收錄〈沙田之秋〉、〈九廣路上〉、〈燈下〉等24首；「散文」收錄〈沙田山居〉、〈思臺北，念臺北〉、〈沙田七友記〉等十篇。正文前有余光中〈回望迷樓──《春來半島》自序〉。

中國結
武漢：長江文藝出版社
1993年10月，13.5×19.5公分，362頁
臺灣當代著名作家代表作大系
（陳燕谷、劉慧英編）
本書為詩、散文合集。全書分二輯，「詩歌」收錄〈算命瞎子〉、〈舟子的悲歌〉、〈昨夜你對我一笑〉、〈祈禱〉、〈珍妮的辮子〉等91首；「散文」收錄〈石城之行〉、〈塔阿爾湖〉、〈書齋‧書災〉等27篇。正文前有陳燕谷、劉慧英〈序〉、〈余光中小傳〉，正文後有〈著作目錄〉。

真空的感覺
廣州：新世紀出版社
1998年10月，32開，247頁
海外名家經典第一輯
（傅光明主編）

本書為詩、散文合集。全書分兩輯，「散文」收錄〈四月，在古戰場〉、〈南半球的冬天〉、〈不朽，是一堆頑石？〉等22篇；「詩歌」收錄〈昨夜你對我一笑〉、〈北京人〉、〈祈禱〉、〈珍妮的辮子〉等42首。正文前有鄭實〈余光中是一首詩（代前言）〉。

余光中經典作品
北京：當代世界出版社
2004年9月，15×13公分，308頁
港臺名家名作

本書為詩、散文合集。全書分三部分，「散文」收錄〈逍遙遊〉、〈四月，在古戰場〉、〈咦呵西部〉等17篇；「詩」收錄〈沉思〉、〈舟子的悲歌〉、〈淡水河邊弔屈原〉、〈靈感〉、〈批評家〉等85首；「雜文」收錄〈論夭亡〉、〈幽默的境界〉、〈朋友四型〉等九篇。

余光中精選集
北京：燕山出版社
2006年5月，17×23.5公分，250頁
世紀文學60家

北京：燕山出版社
2016年8月，25開，327頁
世紀文學經典

本書為詩、散文合集。全書分二部分，「詩歌」收錄〈揚子江船夫曲〉、〈詩人〉、〈我的小屋〉、〈女高音〉、〈郵票〉等77首；「散文」收錄〈猛虎和薔薇〉、〈鬼雨〉、〈逍遙遊〉等26篇。正文前有徐學〈中西合璧，詩文雙絕〉，正文後有徐學〈創作要目〉。

2016年燕山版：「詩歌」部分刪去〈我的小屋〉、〈等你，在雨中〉、〈碧潭〉等十首，新增〈珍妮的辮子〉、〈飲一八四二年葡萄酒〉、〈新大陸之晨〉等九首；「散文」部分刪去〈地圖〉、〈不流之星〉、〈墨香濡染　筆勢淋漓〉三篇，新增〈德國之聲〉、〈詩與音樂〉、〈兩個寡婦的故事〉三篇。

余光中作品精選
武漢：長江文藝出版社
2006年8月，15×22.5公分，353頁
跨世紀文叢精華本
本書為詩、散文合集。全書分二輯，「詩歌」收錄〈算命瞎子〉、〈舟子的悲歌〉、〈昨夜你對我一笑〉、〈祈禱〉、〈珍妮的辮子〉等105首；「散文」收錄〈石城之行〉、〈塔阿爾湖〉、〈書齋・書災〉、〈鬼雨〉等34篇。正文前有〈余光中小傳〉。

余光中選集
香港：明報月刊出版社
2009年7月，14×21公分，429頁
世界當代華文文學精讀文庫
本書為詩、散文、論述合集。全書分三部分，「詩」收錄〈南瓜記〉、〈宜興茶壺〉、〈國殤〉、〈地球儀〉等40首，「散文」收錄〈梵天午夢〉、〈莫驚醒金黃的鼾聲〉、〈紅與黑〉等17篇；「評論」收錄〈藝術創作與間接經驗〉、〈詩與音樂〉、〈散文的知性與感性〉等十篇。正文前有余光中近照、〈眾手合推的文化巨石──《世界當代華文文學精讀文庫（總序）》〉、余光中〈自序〉，正文後有〈余光中創作年表〉。

梵谷傳（二冊）
臺北：重光文藝出版社
1957年3月，32開，278、297頁

臺北：大地出版社
1978年5月，32開，613頁
萬卷文庫59

臺北：大地出版社
2001年8月，25開，549頁
名人名傳1

臺北：九歌出版社
2009年12月，18開，659頁
九歌譯叢939

本書翻譯美國傳記小說家伊爾文・史東（Irving Stone, 1903-1969）的Lust for Life，以小說筆法敘述畫家梵谷的一生。全書計有：1.倫敦；2.礦區；3.艾田；4.海牙；5.努能等九章。正文前有余光中〈譯者序〉、梵谷作品，正文後有〈作者附註〉。

1978年大地版：本書合為一冊，正文經作者重新校對、修訂。正文前刪去余光中〈譯者序〉，新增譯者校稿手蹟、余光中〈從慘褐到燦黃──《梵谷傳》新譯本譯者序〉、梵谷作品，正文後新增〈人名索引〉。

2001年大地版：正文與1978年大地版同。正文前新增余光中〈他不窮，他給我們一大筆遺產──二〇〇一年新版序〉、〈新排版序〉、梵谷作品。

2009年九歌版：正文與1978年大地版同。正文前刪去余光中〈從慘褐到燦黃──《梵谷傳》新譯本譯者序〉、譯者校稿手蹟，新增余光中〈九歌版《梵谷傳》新序〉、梵谷作品。正文後新增梵谷行程圖、余光中詩作〈星光夜〉、〈向日葵〉二首、余光中〈破畫欲出的淋漓元氣〉、〈余光中筆下的梵谷〉、張曉風〈護井的人──寫范我存女士〉。

老人和大海
臺北：重光文藝出版社
1957年12月，12.5×18.5公分，77頁
本書翻譯美國作家海明威（Ernest Hemingway, 1899-1961）的中篇小說*The Old Man and the Sea*，敘述老漁夫與大魚搏鬥的故事。正文前有余光中〈譯者序〉。

英詩譯註
臺北：文星書店
1960年5月，32開，167頁
本書選譯之英國詩人作品，詩作以中英對照方式呈現，每首均附註解及作者介紹。全書收錄〈歌贈西麗亞〉、〈給伊蕾克特拉〉、〈無邪的牧笛〉、〈露西〉等37首。正文前有余光中〈譯者小引〉。

New Chinese Poetry
臺北：The Heritage Press
1960年12月，12×19公分，94頁
本書為作者英譯臺灣現代詩人作品，並附詩人簡介。全書收錄鄭愁予、紀弦、覃子豪等21位詩人作品。正文前有余光中 "Introduction"。

美國詩選（與張愛玲、林以亮、邢光祖合譯）
香港：今日世界社
1961年7月，25開，274頁
（林以亮編選）

香港：今日世界社
1963年11月，12.5×17.5公分，274頁
美國文庫
（林以亮編選）

本書選譯美國詩人作品，並附詩人介紹。全書收錄愛默森、愛倫‧坡、梭羅等17位作家作品。正文前有林以亮〈序〉。

1963年今日世界版：內容與1961今日世界版同。

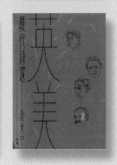

英美現代詩選（二冊）
臺北：臺灣學生書局
1968年6月，32開，340頁
近代文學譯叢第一輯10

臺北：大林書店
1970年3月，32開，340頁
現代文學譯叢10

臺北：時報文化出版公司
1980年4月，32開，418頁
時報書系248

臺北：九歌出版社
2017年7月，25開，377頁
余光中作品集25

本書選譯英美詩人作品，並附詩人評傳。全書分「英國」、「美國」二部分，收錄葉慈、繆爾、艾略特等21位詩人作品。正文前有余光中〈譯者序〉，正文後有〈英文目錄〉。

1970年大林版：內容與1968年臺灣學生版同。

1980年時報文化版：全書合為一冊，正文新增葉慈〈激發〉、繆爾〈審問〉、〈馬群〉等八首。正文前新增余光中〈新版序〉。

2017年九歌版：全書合為一冊，正文刪去詩人瑞克斯洛斯、安格爾，新增詩人哈代、瑞格夫斯、R. S. 湯默斯、納許以及「兩次世界大戰參戰將士的戰爭觀」。正文前新增余光中〈新版序〉，正文後刪去〈英文目錄〉。

錄事巴托比
香港：今日世界出版社
1972年8月，16.5×24公分，96頁
美國短篇小說集錦1
本書翻譯美國作家梅爾維爾（Herman Melville, 1819-1891）的短篇小說
Bartleby the Scrivener，以中英對照方式呈現。

不可兒戲
臺北：大地出版社
1983年8月，32開，160頁
萬卷叢書127

臺北：九歌出版社
2012年5月，25開，174頁
余光中作品集18

臺北：九歌出版社
2013年10月，25開，174頁
余光中作品集18

本書翻譯愛爾蘭作家王爾德（Oscar Wilde, 1854-1900）的劇本*The Importance of Being Earnest*。正文前有余光中〈一跤絆到邏輯外——談王爾德的《不可兒戲》〉，正文後有余光中〈與王爾德拔河記——《不可兒戲》譯後〉。
2012年九歌版：內容與1983年大地版同。
2013年九歌版：正文與1983年大地版同。正文前新增余光中〈反常合道之為道——《王爾德喜劇全集》總序〉。

土耳其現代詩選
臺北：林白出版社
1984年12月，25開，208頁
島嶼文庫4
本書轉譯1978年《企鵝版土耳其詩選》（*The Penguin Book of Turkish Verse*）部分詩作。全書收錄貝雅特利、哈辛、錢里貝等25位詩人作品，並附作者評傳。正文前有余光中〈中譯者序〉、土耳其略圖、〈英譯者序〉、〈土耳其簡史〉。

溫夫人的扇子
臺北：大地出版社
1992年10月，32開，117頁
萬卷叢書206

臺北：九歌出版社
2013年10月，25開，174頁
余光中作品集20
本書翻譯愛爾蘭作家王爾德的劇本*Lady Windermere's Fan*。正文前有余光中〈一笑百年扇底風——《溫夫人的扇子》百年紀念〉。
2013年九歌版：正文與1992年大地版同。正文前新增余光中〈反常合道之為道——《王爾德喜劇全集》總序〉。

理想丈夫
臺北：大地出版社
1995年11月，32開，181頁
萬卷叢書217

臺北：九歌出版社
2013年10月，25開，206頁
余光中作品集19
本書翻譯愛爾蘭作家王爾德的劇本*An Ideal Husband*。
正文前有余光中〈百年的掌聲──王爾德喜劇《理想丈夫》譯後〉。
2013年九歌版：正文與1995年大地版同。正文前新增余光中〈反常合道之為道──《王爾德喜劇全集》總序〉，〈百年的掌聲──王爾德喜劇《理想丈夫》譯後〉移至正文後。

緋紅樹
新竹：和英出版社
2003年6月，22×30.5公分，〔32頁〕
關懷系列
（陳志勇圖）
本書翻譯澳洲華裔畫家陳智勇（Shaun Tan）的繪本*The Red Tree*。

雪晚林邊歇馬
新竹：和英出版社
2004年7月，19.5×25.5公分，〔32頁〕
萬物有情系列
（蘇珊・傑佛斯繪）
本書翻譯美國詩人羅伯・佛洛斯特（Robert Frost, 1874-1963）詩作 "Stopping by Woods on a Snowy Evening"。

不要緊的女人
臺北：九歌出版社
2008年10月，25開，140頁
余光中作品集11

臺北：九歌出版社
2013年10月，25開，140頁
余光中作品集11
本書譯自愛爾蘭作家王爾德的劇本*A Woman of No Importance*。正文後有余光中〈上流社會之下流──《不要緊的女人》譯後〉。
2013年九歌版：正文與2008年九歌版同。正文前新增余光中〈反常合道之為道──《王爾德喜劇全集》總序〉。

濟慈名著譯述
臺北：九歌出版社
2012年4月，25開，377頁
余光中作品集16
本書選譯英國詩人濟慈（John Keats, 1795-1821）作品。全書分「十四行詩」、「抒情詩」、「頌體」、「長詩」、「書信」五輯，收錄〈十四行詩綜述〉、〈致柴德敦〉、〈久困在都市的人〉、〈初窺柴譯荷馬〉等43篇。正文前有余光中〈譯者序〉，正文後有余光中詩作〈弔濟慈故居〉、余光中〈想像之真〉、余光中〈如何誦讀英詩〉、〈濟慈年表〉、濟慈作品原文。

余光中作品外譯目錄

文訊編輯部

Acres of Barbed Wire
臺北：美亞書版公司
1971年3月，15×23公分，87頁
本書為作者自譯英譯本詩選集。全書分「The Shame and the Glory」、「No Dove-Feeder」二輯，收錄 "To the Reader"、 "The Single Bed"、 "The Black Angel"、 "When I Am Dead" 等48首。正文前有余光中 "Preface"、劉紹銘 "Acres of Barbed Wire：An Apprecition"，正文後有 "Notes"、 "About the Author"。

Lotos-Assoziationen: Moderne chinesische Liebesgedichte
圖賓根：Horst Erdmann Verlag
1971年，12×20公分，83頁
（Andreas Donath譯）
本書為《蓮的聯想》中譯本。全書收錄詩作 "Lotos-Assoziationen"、 "Am Lotosteich"、 "An jenem Nachmittag" 等30首。正文前有Andreas Donath "Einführung"。

守夜人
臺北：九歌出版社
1992年10月，32開，283頁
九歌文庫342

臺北：九歌出版社
2004年11月，25開，313頁
九歌文庫342

臺北：九歌出版社
2017年1月，25開，345頁
余光中作品集24

南京：江蘇鳳凰文藝出版社
2017年3月，25開，279頁
本書為作者自譯中英對照詩作選集。全書分「鐘乳石」、「蓮的聯想」、「敲打樂」、「在冷戰的年代」、「白玉苦瓜」、「與永恆拔河」、「隔水觀音」、「紫荊賦」、「夢與地理」、「尚未結集」十

輯，收錄〈西螺大橋〉、〈蓮的聯想〉、〈茫〉、〈迴旋曲〉、〈七層下〉等68首。英文版正文前有 "About the Author"、"Foreword"，正文後有 "Books by Yu Kwang-chung"。中文版正文前有余光中〈《守夜人》自序〉，正文後有〈余光中譯著一覽表〉。

2004年九歌版：正文新增〈狗尾草〉、〈呼喚〉、〈大停電〉等17首。正文前新增余光中〈新版自序〉，正文後新增 "notes"。

2017年九歌版：正文刪去〈蓮的聯想〉、〈茫〉、〈迴旋曲〉等十首，新增〈狗尾草〉、〈江湖上〉、〈呼喚〉等27首。正文前新增余光中〈三版自序〉。

2017年江蘇鳳凰文藝版：內容與2017年九歌版同。

余光中短詩選
香港：銀河出版社
2003年9月，12.5×18公分，87頁
臺灣詩叢系列5
（張默主編）
本書為作者自譯中英對照短詩選集。全書收錄〈蓮的聯想〉、〈灰鴿子〉、〈單人床〉等22首。正文前有〈出版前言〉、〈作者簡介〉。

아! 중국이여! 대만이여!
首爾：바움커뮤니케이션
2011年11月，新25開，314頁
（金尚浩譯）
本書為韓譯選集，收錄作者詩作100首。全書分「타이베이 시기」、「홍콩 시기」、「끼오슝 시기」三輯，收錄〈생각에 잠겨〉、〈뱃사공의 슬픈 노래〉、〈어젯밤 딩신이 니를 향해 한번 웃자〉、〈칠석〉、〈시인의 노래〉等100首。正文前有余光中〈서문〉，正文後有金尚浩〈평론〉、〈연보〉、金尚浩〈역자후기〉、余光中詩選原文。

國家圖書館出版品預行編目資料

詩壇的賽車手與指揮家: 余光中紀念特刊 / 封德屏總編
輯. -- 初版. --臺北市: 文訊雜誌社, 2018.02
　　面；　　公分
　　ISBN 978-986-6102-36-3 (平裝)

　　1.余光中 2.年表 3.個人著述目錄

783.3986　　　　　　　　　　　　　107002421

詩壇的賽車手與指揮家
余光中紀念特刊

主辦單位／　臺北市政府文化局
執行單位／　文訊雜誌社
協辦單位／　九歌出版社‧中華民國筆會‧國立中山大學文學院
　　　　　　國立中山大學圖書與資訊處余光中數位文學館
　　　　　　台灣詩學季刊雜誌社‧目宿媒體‧紀州庵文學森林

總編輯／　　封德屏
諮詢顧問／　白　靈‧李瑞騰‧陳芳明‧單德興
執行編輯／　陳映潔
工作小組／　姚立儷‧陳映潔‧張哲維‧鄞惠心
封面設計／　翁　翁onon.art@msa.hinet.net
封面攝影／　陳建仲
插圖繪製／　韓湘寧
美術設計／　不倒翁視覺創意
印刷／　　　松霖彩色印刷公司

出版者／　　文訊雜誌社
地址／　　　台北市中正區中山南路11號B2
電話／　　　02-23433142
傳真／　　　02-23946103
郵撥／　　　12106756　文訊雜誌社
初版／　　　2018年2月24日
定價／　　　新台幣120元
ISBN／　　　978-986-6102-36-3